AF267059

LA
DISSOLUTION
S'IL VOUS PLAIT?

PAR

Emmanuel LEMOYNE

auteur de la Pétition d'un Bossu à l'Assemblée

ANDRÉ SAGNIER, éditeur

Carrefour de l'Odéon, 7, à Paris

SE TROUVE

CHEZ TOUS LES LIBRAIRES

et à Paris, chez { ANDRÉ SAGNIER, carrefour de l'Odéon, 7,
DÉCEMBRE-ALONNIER, rue Suger, 20.

1873

PRIX : 20 CENTIMES.

AVIS.

La BIBLIOTHÈQUE RÉPUBLICAINE est avant tout une œuvre de propagande loyale, à laquelle tous les bons citoyens doivent prêter leur concours. Pour en faciliter l'acquisition aux propagateurs, les prix en sont fixés comme suit :

Par 50 volumes pris ensemble	....		8 fr.
Par 100	—	—	....	15
Par 300	—	—	....	40
Par 500	—	—	....	60
Par 1,000	—	—	....	100

Les conditions de propagande, fixées ci-dessus, s'appliquent à tous les ouvrages suivants :

CATÉCHISME RÉPUBLICAIN (en *français* ou en *breton*), par E. Boursin.

MANUEL DU BON CITOYEN, par E. Boursin.

LETTRE A MON DÉPUTÉ, par E. Boursin.

UN GOUVERNEMENT RÉPUBLICAIN, S'IL VOUS PLAIT? par E. Boursin.

LES D'ORLÉANS, par E. de Pompery.

LES SCANDALES DU BONAPARTISME, par Sempronius.

LE VEUILLOTISME ET LA RELIGION, par E. de Pompery.

CAHIER D'UN PAYSAN, étude sur la constitution politique de la France, par A. Desmasures.

LA FRANCE ET SES MÉDECINS, pamphlet, par Jean-Jacques Dauphin.

LES CONSERVATEURS ET L'INSTRUCTION OBLIGATOIRE, par Em. Lemoyne.

LETTRE A M. GRÉVY, président de l'Assemblée nationale, par le docteur Léonide Guichard.

LA RÉPUBLIQUE DES PAYSANS, par Maître Pierre.

LA DISSOLUTION

S'IL VOUS PLAIT?

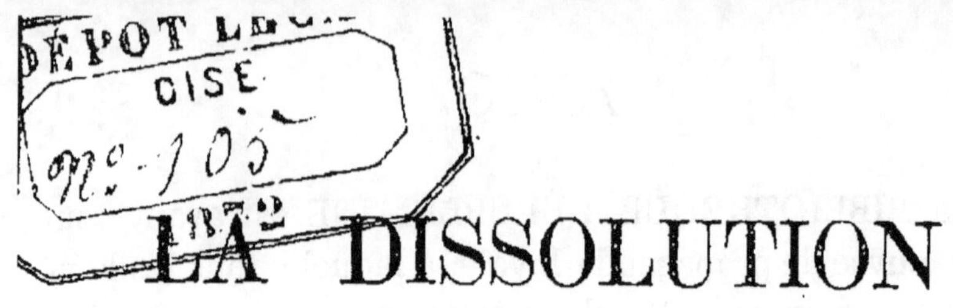

Que vous le croyiez ou non, nous sommes en République, et c'est pourquoi nous avons l'heur inestimable de posséder une Assemblée nationale.

Grand bien, en effet, lorsqu'un peuple peut dire : « Je suis maître chez moi, et j'entends disposer toutes choses dans ma maison comme il me plaît, et ainsi que je le prescris à mes mandataires! »

Grand bien, quand un monsieur à cerveau ramolli, ne vient pas s'asseoir sans façon sur la tête des gens, sous prétexte que tel est *son droit inaliénable et sacré*, par la raison qu'il s'appelle Jeannot, fils de Jeannot, et que les Jeannot ont, de père en fils et de temps immémorial, reçu délégation spéciale de Jupiter, de disposer à leur gré du travail, de la volonté, de la fortune, de la vie de trente à quarante millions d'hommes!

Grand bien, lorsqu'une nation ne laisse point confisquer sa souveraineté par des pick-pockets de race royale, amusant le public avec de faux-nez et maîtres passés en acrobatisme! Grand bien, enfin, lorsqu'elle sait repousser le joug infâme d'un Robert-Macaire aux abois, revêtu de la défroque légendaire de César!

Donc nous maintenons « heur inestimable, » et on nous l'accordera sans difficulté.

Cependant notre joie n'est pas sans mélange! Hélas! lois inéluctables de l'existence, pourquoi faut-il, comme l'a dit si élégamment le poëte de la Nature, qu'aux sources, même les plus vives, du plaisir, nous trouvions toujours quelque chose d'amer?

Pourquoi faut-il que les meilleures choses soient impitoyablement vouées à la dégénérescence, la décrépitude, la mort? Pourquoi cette cruelle imperfection qui s'attache sans cesse aux œuvres humaines et semble poursuivre éternellement la race de Japhet d'une infernale raillerie?

Voici l'Assemblée nationale! Eh bien! si

belle, si parfaite, si admirable dans son principe, pourquoi n'est-elle plus en réalité......... Croyez-vous, par hasard, que j'irais lui manquer de respect? Oh! non. Quatre-vingt-dix-neuf sur cent, il est vrai, en disent pis que pendre. Les grincheux lui appliquent une série d'épithètes dont se formaliserait un chien galeux ; les mauvais plaisants prétendent que c'est une collection d'anoplotheriums représentant tout au plus les contemporains du déluge. Tous opinent pour rendre à leur castel et aux tendresses de la châtelaine, cette foule de hauts barons, nobles et féaux sujets, ayant si vaillamment ébréché leur terrible Durandal au service de *leur Roy*. Jamais on ne vit pareil tolle général d'improbation, et une nouvelle Carthage ne serait pas autrement traitée au milieu d'un peuple de Catons.

Mais pour vous, hommes prudents, qui vivez dans l'heureuse innocence de l'âge d'or, vous pensez qu'il n'est pas suffisant de crier, contre cette malheureuse Assemblée, d'un bout de la France à l'autre : *Delenda Carthago! delenda Carthago!* ou en français : *Haro sur le baudet*, qu'il convient encore de juger le cas et de ne se prononcer qu'après mûr examen. Je suis tout à fait de cet avis, car il n'y a rien que je haïsse tant que les exécutions sommaires, y compris même celles du parti de l'ordre et des honnêtes gens! D'ailleurs, on a pu voir qu'en supposant que je pense tout le mal possible de l'Assemblée, je n'en ai rien dit; que j'ai préféré me taire, sachant trop, de par mon pédagogue, le respect dû au souverain. Or, à moins d'être en état de rendre des points à monseigneur le prince de Joinville, et d'avoir les oreilles bouchées plus hermétiquement que le cerveau de M. de Lorgeril aux idées modernes, il n'y a personne qui n'ait eu l'occasion d'entendre, une fois ou deux, nos honorables proclamer leur souveraineté.

L'Assemblée est souveraine! Vous êtes souverains; vous l'avez dit, répété, crié, trompetté sur tous les tons.

Oui, vous êtes souverains, illustres preux, fils de croisés, descendus étourdiment dans l'arène, armés d'un tas de vieille ferraille, pour vous opposer à la marche victorieuse du progrès, sans songer qu'il vous manque un Josué pour général! Oui, vous êtes souverains; nul ne le conteste, et nous moins que personne.

Souverains! cela vous plaît? Et à nous donc! Souverains! Vous ne sauriez croire combien ce mot, dans votre bouche, nous réjouit le tempérament. Nous ne l'échangerions pas contre l'oison de Gargantua, qui donnait l'immortalité aux dieux.

En aucun cas, en effet, le mandataire ne saurait se prévaloir de pouvoirs qui n'appartiendraient point au mandant, et c'est pourquoi, MM. les ducs, comtes, archiducs et burgraves de tous poils et toutes nuances, il nous a été particulièrement doux de vous entendre proclamer souverains, puisque c'était de votre part un hommage rendu au grand principe des sociétés modernes : — la souveraineté du peuple, — et par conséquent l'aveu formel et public de l'illégitimité de toute autre domination!

Mais si la Chambre est souveraine (et encore une fois, loin de la combattre, nous le constatons avec joie), elle n'est pas infaillible, du moins ne s'est-elle pas déclarée telle dans l'*Officiel*. Comment expliquer un tel oubli? Comment une idée si mirifique n'est-elle pas sortie toute armée du cerveau de quelque sire de Framboisy? N'était-ce pas là de l'absurde flamboyant tout à fait

dans le goût du groupe mystico-abracada-
brant, qui a fait voter des prières publiques et des messes, proposé la guerre
contre l'Italie, à seule fin de mériter la bé-
nédiction papale ; inventé l'obligation morale de l'instruction, et qui se désole de ne
plus pouvoir faire dévotement couper le
cou à ce tas de mécréants républicains,
impies et blasphémateurs ?

Donc l'Assemblée n'a pas décrété son
infaillibilité ; — c'est peut-être dommage,
— mais enfin il nous est alors logiquement
permis de discuter ses actes, et de la juger
elle-même avec toute la rigueur d'une con-
clusion syllogismatique.

Nous entendons user de notre droit. Et
d'abord, comment a-t-elle été constituée ?

Ici nous devons nous reporter à une
époque éternellement douloureuse. Un
voile de deuil enveloppe notre esprit.
Notre cœur se serre, et nous n'avons plus
la force de rire.

ORIGINE.

La France coupée en deux : l'une, en-
vahie, ravagée, pillée par les hordes étran-
gères, écrasée sous la botte d'un vain-
queur impitoyable ; l'autre, abasourdie par

une si grande série de malheurs, et comme affolée de peur, désespérant même du salut de la patrie. Puis Paris, morne, pâle, abattu, non par la faim, non par les privations, les souffrances excessives d'un long siége, mais par une capitulation imprévue, que son courage n'avait pas méritée. La tristesse, le désespoir, l'humiliation allaient jusqu'aux pleurs. Oui, je me rappelle les avoir vus pleurer, ces hommes, ces ouvriers que l'on calomnie si volontiers. Ils pleuraient comme des enfants, non d'avoir souffert, mais de ne plus pouvoir souffrir pour maintenir intact le vieux prestige du drapeau national.

C'est dans ces conjonctures lugubres, sous cette immense pression matérielle et morale, que l'on dût tout-à-coup, à la hâte, sans qu'il fût possible aux populations de se voir, de s'entendre, de se reconnaître, aller au scrutin, et constituer un pouvoir chargé de décider entre la guerre et la paix.

Le mandat obtenu au milieu d'un désordre, d'un affaissement, d'une désorganisation semblables, a-t-il la valeur de celui que le peuple décerne dans l'état normal des choses, avec la pleine cons-

cience de sa souveraineté et la connaissance
suffisante des personnes et des situations?

Mais en ce temps-là, dans cette nuit de
honte, tout devait être étrange. L'imbécile
assassin de Décembre, ayant laissé choir
le pouvoir dans la boue sanglante de Sedan,
les républicains l'avaient ramassé. Quelqu'un alors est-il venu le leur disputer?
Où était cette meute d'aboyeurs de bonne
compagnie, qui depuis n'ont cessé de vo-
mir sur eux la bavure d'une rage impuis-
sante? Où étaient-ils ces hommes de bien,
quand l'édifice croulait et qu'il s'agissait de
raidir le bras pour l'étayer, au risque
d'être écrasé sous les décombres?

Dans cette suprême détresse, la République n'eut pas de compétiteur, et les
hommes providentiels, les sauveurs de
peuples de profession, s'éclipsèrent avec un
ensemble édifiant.

Certes, les républicains avaient un
moyen infaillible de s'assurer pour longtemps la puissance : c'était de conclure la
paix. Cette paix, ils la demandèrent. Mais
ils la voulaient honorable ; on la leur pro-
posa honteuse.

Il restait à notre infortunée patrie du
sang et un tronçon d'épée. Elle ne pouvait

pas d'un coup effacer son histoire ; il fallait qu'elle restât héroïque, même en passant sous le joug. Les républicains le comprirent, et se résolurent à un effort sublime. Ils poussèrent le cri de guerre des ancêtres. On pouvait vaincre encore ; et d'ailleurs étaient-ils maîtres de reculer, lorsque du fond de leurs tombes glorieuses nos morts de mille ans, toutes les vieilles légions de nos annales semblaient crier avec désespoir : « *La France meurt et ne se rend pas !* »

Les basiles clérico-monarchiques, renforcés des coupe-jarrets bonaparteux, se sont évertués et s'évertuent à répéter que les hommes du 4 septembre continuèrent la guerre dans leur intérêt personnel par pure ambition criminelle. Ils préférèrent l'honneur du pays à la sécurité de leur pouvoir : voilà la vérité, et nous mettons au défi de prouver le contraire.

Cependant lesdits basiles et coupe-jarrets ne perdirent pas leur peine. Par des insinuations perfides, des calomnies redoublées, paralysant la défense, portant le trouble dans les esprits, arrêtant l'élan de chacun, ils finirent par rendre les républicains seuls responsables de tous les désastres amenés par leur propre servilisme sous l'empire et leur lâcheté pendant la guerre.

Le moment étant venu, de l'arrière-fond de gentilhommières oubliées ou inconnues, comme des taupes de leurs taupinières, surgirent un tas de gentillâtres encore plus inconnus, et que la France assurément ne se doutait guère avoir l'honneur insigne de posséder. Ils prônèrent la paix, la paix quand même, la paix à tout prix. L'énergie, la foi dans le droit fut déclarée folie furieuse ; et les incapables de Paris, capitulant devant la réaction comme devant les Prussiens, destituèrent M. Gambetta pour avoir été seul à faire son devoir.

Ainsi sommairement énumérées, les conditions dans lesquelles eurent lieu les élections du 8 février en expliquent suffisamment le résultat.

L'Assemblée, reflétant ce triste chaos social et politique, fut et dut être le composé le plus étrangement hétérogène qu'on puisse imaginer, avec une majorité insaisissable, clérico-monarchico-réactionnaire renforcée. Aucun plan suivi, aucune volonté distincte, sinon une sorte de terreur de la guerre, n'ayant présidé à l'acte des mandants, aucun plan suivi, aucune volonté distincte ne dut non plus se faire jour chez les mandataires, et, la paix faite, l'Assemblée fut frappée d'impuissance dans son origine même. Nous n'avons pas ici l'intention d'ergoter sur la valeur d'un mandat auquel se cramponne la majorité, comme un noyé à un brin d'herbe lui-même emporté par la rivière ; nous demandons seulement s'il n'était pas nettement limité par l'objet même qui avait fait consulter la nation : à savoir, choisir enfin entre la paix et la guerre ?

PREMIÈRES SÉANCES.

Ce fut un beau jour pour les débris de l'ancien monde, que celui où, dans les couloirs du théâtre de Bordeaux, la vieille gentilhommerie de France se retrouva plus serrée que dans la vallée de Josaphat. Eux-mêmes furent étonnés de leur nombre. Ils s'imaginèrent que le temps rétrogradait, qu'il n'y avait qu'à attendre le retour si impatiemment désiré des manchettes, de la poudre, des talons rouges, de la dîme et du droit de cuissage, et ils s'abordaient dans le ravissement.

— Cher comte, cher prince, cher baron !

Quoi! encore vivant? Vivant, que dis-je, gros et gras? Il y a si longtemps que l'on n'avait entendu parler de vous! Il a fallu l'invasion! Quelle heureuse aventure; vous revoici! Mais d'où sortez-vous donc? De Coblentz? Parbleu, on a de la race et l'on suit les traces de ses aïeux! Mais voyons, parlons *du Roy*. L'avez-vous vu ce représentant auguste d'une interminable série de souverains, qui firent à la nation, pendant tant de siècles, l'honneur insigne de lui prendre son or et ses enfants en échange de coups de bâtons? Sans doute, Sa Majesté s'avance escortée d'une garde d'honneur prussienne, comme par deux fois, son noble ancêtre Louis XVIII? Quel bonheur! nous pourrons bientôt courber l'échine devant quelqu'un! Mais ventre-saint-gris, on la courbera aussi devant nous, car, sans rien faire, ni rien avoir fait, nous aurons des croix et des habits chamarrés; nous serons grands chambellans, grands veneurs, grands maîtres de la garde-robe, et nous aurons au moins cent mille francs par an, que le bon paysan s'empressera de payer pour ne point nous voir déroger à notre naissance. Oh! *venite, adoremus...* 1814, 1815, 1871! *Numero deus impare gaudet!...*

Certes, si jamais le parti des émigrés put se croire le maître, ce fut alors. Aussi, comme ils le prirent de haut envers cette pauvre République! Comme leur âme chevaleresque se donna aussitôt l'ineffable plaisir de la souffleter d'importance sur la joue d'un vieillard, du seul étranger qui fût venu au secours de la France égorgée!

Toutefois, pour qu'une troisième restauration s'effectuât à l'exemple des deux autres, pour que l'analogie fut complète, il restait à changer la situation des Prussiens à notre égard. Les envahisseurs devaient, comme jadis, devenir *nos alliés*, de sorte que les royalistes reconnaissants pussent encore les appeler avec Béranger : « *Nos bons amis les ennemis!* »

Il s'agissait de conclure la paix! La Prusse la présentait dure, écrasante, effroyable. On pouvait la débattre, tout au moins l'accepter avec la dignité du malheur. Eux s'y précipitèrent comme sur une proie. — La paix! la paix! la paix! Point de discussion, point de conditions, nous n'en voulons pas savoir. La paix! la paix! il nous faut la paix! — Mais la perte de deux provinces, le déchirement de la patrie; mais une rançon écrasante de cinq milliards; mais la déchéance de la France, sa ruine, peut-être son anéantissement?...

— La paix! la paix!...

Et dire que ce sont les mêmes affamés de paix qui, dernièrement, ont osé reprocher à M. Thiers d'avoir hâté la libération du territoire à des conditions désastreuses!

Ah! c'est que les temps sont bien changés! Alors ils voyaient le roi tout près. La paix était le don de joyeux avénement, et maintenant l'affranchissement de la patrie ruine leurs aspirations monarchiques en montrant qu'un peuple, pour se relever de l'abîme creusé par le despotisme, n'a besoin que de son intelligence, son travail et sa liberté!

LA MAJORITÉ.

A l'œuvre on connaît l'artisan... C'est dans les huées furibondes, prodiguées au général Garibaldi, que se reconnurent d'abord les membres de la majorité. Tous ces huants, convenablement précédés de *du*, *de la*, *des*, plus ou moins pompeux, chargés de les distinguer de la vile roture, sentirent que leurs cœurs battaient à l'unisson, qu'ils étaient faits pour s'entendre et préparer ensemble un grand travail de momification générale. Ils s'ouvrirent mutuellement les bras, et unis dans un faisceau indissoluble, jurèrent de ne point se séparer avant d'avoir refait à leur image le cerveau de la France.

Touchante résolution! admirable amour de l'harmonie! Pensée unique, qui ne pouvait naître que de la plus profonde circonvolution cérébrale des amis de l'ordre!...
— Les troubles sociaux proviennent de la divergence des esprits. — Il faut donc les uniformiser : or l'esprit moderne est énorme, et le nôtre, à peine gros comme un avorton de citrouille. Ne pouvant ajouter au plus petit, il est donc nécessaire de marteler le plus gros, le tailler, rogner, mutiler, comprimer, afin que tout soit dans une juste et harmonique proportion! Par malheur, rien ne marcha comme on l'avait prévu, ce qui est certainement fâcheux, mais encore plus étonnant de la part de gens ayant à leur service le doigt de la Providence.

Ils étaient bien là quatre à cinq cents forts de leur nombre, et se croyant assurément omnipotents et libres de tout faire, et de tout oser.

Mêmes haines, mêmes passions, mêmes

tendances, mêmes bocaux à concept. Nulle alliance ne semblait reposer sur des bases plus profondes et plus inébranlables !

Cependant, il suffit d'un nom, un seul, comme d'un mot cabalistique pour briser ce bloc de granit.

> Deux coqs vivaient en paix ; une poule survint,
> Et voilà la guerre allumée.

Ici ce ne fût pas une poule, mais un roi ou même son fantôme qui survint, et la guerre n'en fut pas moins allumée, de quoi nul ne s'étonnera.

Certainement tous ces braves gens détestaient, exécraient, abominaient sincèrement la République, et ce commun sentiment était tel, qu'on n'en pouvait même, en aucun cas, prononcer le nom sans soulever une effroyable tempête de trépignements et de cris de rage. Sans doute encore, la plus simple allusion à leur dada favori les faisait unanimement épanouir d'aise, comme un microcosme de mouche sur une jattée de lait, et ils étaient parfaitement d'accord pour doter bientôt la France d'une bonne petite monarchie qui attirerait sur elle les bénédictions du ciel, et sur eux-mêmes les petits profits de la situation; mais pour une monarchie, il faut un monarque, et où le prendre?

That is the question!

La difficulté, on le pense bien, n'était pas précisément de trouver un roi, — aujourd'hui l'espèce en est commune, — mais de fixer son choix.

Aurions-nous *le roy,* ou simplement *le roi,* ou un César-Robert-Macaire?

La France voulait-elle être muselée, tondue, pressurée et raclée légitimement, constitutionnellement ou plébiscitairement?

Vous me répondrez peut-être que la France ne veut être ni muselée, ni pressurée, ni tondue d'aucune manière. — Mais vous n'êtes pas royaliste et sortez de la question.

Les uns donc, parmi les bien-pensants, voulaient absolument le roy dans toute la pureté du droit divin.

Les autres maintenaient avec non moins d'acharnement un roi selon les théories parlementaires. — Les coassements des batraciens bonaparteux restaient étouffés sous la boue.

Pour les marquis, comtes, vicomtes, ducs et pairs, Belcastel, Lorgeril, Dahirel, Cumont, Chaurand (baron du pape) et moult autres nobles et féaux, il n'y avait de possible qu'Henri V, l'oint du seigneur, avec MM. les jésuites, la loi sur le sacrilége, le droit d'aînesse, la sacro-sainte congrégation, les sacristains-garde-champêtres, les gendarmes encapucinés, les généraux-marguilliers, les fonctionnaires confits en cagotisme, les maximes du *Syllabus*, le drapeau blanc, les fleurs de lys et le sceptre-goupillon de Charles X.

Pour les autres, *dii minores*, les Batbie, d'Audiffret-Pasquier, Broglie et Cie, il n'y avait d'acceptable qu'un petit d'Orléans, escamoteur de révolutions, avec tous les mensonges et toutes les hypocrisies d'un régime bâtard ; l'omnipotence des intrigants, l'influence du plus gros pain de sucre, la suprématie du plus gros benêt de propriétaire, le grand principe de morale : « Jouissez et enrichissez-vous ; » le trafic des fonctions publiques, les bonnets à poils et le fameux parapluie de Louis-Philippe.

Les très-hauts et très-puissants seigneurs, marquis, comtes, vicomtes, ducs et pairs, Belcastel, etc., etc., n'aspiraient à rien moins qu'à ramener la société en 1788. Les dieux inférieurs Batbie, d'Audiffret-

Pasquier, Broglie et Cie trouvaient cela un peu vieux et se contentaient de nous laisser en 1830, ce dont certainement nous leur devons mille grâces.

Chez nous autres, racaille de républicains, les personnes s'effacent devant les principes. — Mais chez les monarchistes, c'est tout le contraire, et l'on tire l'épée, l'on secoue les brandons de discorde, l'on déchaîne la guerre civile uniquement pour savoir à qui mangera le lard, ou de Diafoirus V ou de Ratapoil III. Tous les monarchistes nous haïssent du fond du cœur, mais ils se mangent entre eux comme d'honnêtes anthropophages, et c'est ce qui nous console. Entendez un légitimiste parler des d'Orléans ou un orléaniste de la branche aînée. Je défie d'être plus méchant.... ou plus juste. — Comment trancher le nœud gordien de ces prétentions rivales et de ces droits opposés? Là échouèrent l'habileté, la sagesse, le savoir, la vieille expérience des vétérans de la majorité, et cette masse compacte de la droite, ce faisceau qu'on avait cru indissoluble, se fendit comme une vieille carcasse de vaisseau, en deux fragments s'entrechoquant et se pulvérisant réciproquement.

Alors commencèrent une série d'intrigues, de marches et contremarches, conciliabules secrets, plans, replans, complots et comploticules qui ne devait pas durer moins de deux ans, qui dure encore, mais dont nous renonçons à donner l'énumération complète : manifestes, contre-manifestes, voyages à Anvers, voyages à Chantilly, proclamations, affirmations, négations, fusion et confusion.

Mais, direz-vous : et le pays ?

Oh! le pays était dans un état désastreux. Partout il réclamait des mesures urgentes pour ramener la sécurité, le calme dans les esprits, la confiance, la prospérité des affaires.... Mais la majorité cherchait toujours celui que le ciel désignait pour accomplir de si bonnes choses :

Serait-ce le comte de Chambord?

Serait-ce le comte de Paris?

ACTES LÉGISLATIFS.

Cependant on ne peut pas, à la vérité, soutenir que l'Assemblée ne faisait absolument rien. Elle travaillait à sa manière. Ainsi tout le monde réclamait des institutions définitives; elle eut bien soin d'établir qu'il n'y aurait rien que de provisoire.

La France ayant fait l'essai de quatre monarchies différentes qui, en moins de trois quarts de siècle, l'ont conduite invariablement à quatre catastrophes, demandait partout la République, laquelle était du reste le gouvernement de fait. — L'Assemblée décida qu'on ne dirait rien sur le présent, et que l'avenir était réservé, c'est-à-dire, en français, qu'on ne voulait pas entendre parler de république et qu'on préparait les meubles de la monarchie.

Un illustre homme d'Etat dont l'éloge est devenu banal, dont le mérite ne peut plus se dire à force d'être évident à tous les yeux, M. Thiers, propose à l'Assemblée le retour à Paris. Mais la capitale de l'esprit moderne est un horrible épouvantail pour des gens encore tout imprégnés des émanations claustrales du moyen-âge. A Paris! quand ils voudraient le voir dans leur pigeonnier et qu'ils ne se croiraient en sûreté qu'au fond des déserts de la Thébaïde!

Au risque d'exaspérer une population de deux millions d'âmes, l'Assemblée, avec le tact politique qui la caractérise, décrète que Paris sera décapitalisé, et ce n'est qu'à grand peine qu'elle se résout à s'approcher de *l'ogre* jusqu'à Versailles.

Nos derniers désastres avaient démontré jusqu'à l'évidence la nécessité d'établir en France le service militaire personnel et obligatoire. C'était une belle occasion de gagner un peu de popularité et de laisser trace de son passage. Aussi, après de longues discussions, finit-elle par voter effectivement le service militaire personnel et obligatoire..... pour tous ceux qui ne seront pas exemptés.

Est-ce là tout ?

Et l'instruction obligatoire, gratuite et laïque confiée aux bons soins de M. Dupanloup ?

Et la commission des grâces qui n'a pas besoin de nous pour la recommander à la postérité ?

Et le conseil d'Etat, le plus sage qu'on puisse créer, — car pas un membre n'est dans le cas de faire parler de lui ?

Et.... ? Mais pourquoi poursuivre ?

Pourquoi à son lit de mort rappeler à une mère qu'elle n'a eu que des enfants morts-nés ?

Vainement l'Assemblée se débat. Le mal dont elle est atteinte ne pardonne pas ; elle agonise, et la fosse est prête où elle doit dormir et où l'attend son œuvre.

LEURS CONSÉQUENCES.

Le mal qui, à notre époque, ne pardonne point, c'est l'impopularité. Nous savons qu'ici comme toujours ce sont les républicains,

Ces pelés, ces galeux qui ont fait tout le mal.

Car enfin il ne dépendait que d'eux de trouver par exemple M. Belcastel, un homme de la plus haute prudence, qui, atteint de la cataracte, marche à reculons pour ne pas se casser le nez en avant ; M. Jean Brunet, un mortel véritablement inspiré, et qui ne fait rire le monde que parce que la misérable humanité n'est pas en état de comprendre les insufflations divines ; l'honorable M. Piou, président de la commission des grâces, comme doué d'une sensibilité exquise, d'un cœur large et généreux, une sorte de Boudha occidental, qui, mû par un pur sentiment d'humanité, n'utilise les pelotons d'exécution qu'afin d'abréger à un tas de malheureux l'attente anxieuse du Nirvâna.

Qui les empêchait de déclarer que la pétition des évêques était un acte de profonde sagesse ; que déclarer la guerre à Victor-Emmanuel, alors que l'on ne savait pas encore quand on pourrait payer Bismark, était de la quintessence de politique ; que la vraie liberté était celle de se donner un roi, et le dernier mot du progrès, de marcher sans lumière sous le buisseau épiscopal ?

Nous sommes de grands coupables, il est vrai ! Et pourtant cette effroyable impopularité, est-ce notre faute si l'Assemblée en a été frappée dans son origine même ? Notre faute si, loin de chercher à l'atténuer, elle a mis une sorte d'acharnement à l'accroître, en foulant aux pieds, avec une superbe féodale, les aspirations les plus manifestes, les volontés les plus expresses, les besoins les plus urgents du pays ?

Aveuglée par de mesquines passions, emportée par des chimères, elle n'a vu ni la France, ni elle-même.

Pour ressusciter un passé enseveli sous quatre révolutions, pour redonner la vie à un monde fossile, une majorité élevée dans la foi aux miracles s'est engagée dans une lutte folle contre le temps, contre le génie moderne. La voici vaincue, meurtrie, écrasée....

Mais encore enfin à qui la faute?

Nous le demandons aux royalistes capables de discerner encore quelque chose au milieu de leur immense dégringolade.

Vivant dans un perpétuel anachronisme, issus du peuple, vous vous êtes crus indépendants du peuple et faits pour lui commander. Il n'est pas une de ses aspirations que vous n'ayez méconnues ; pas un de ses vœux les plus chers, clairement et légalement exprimés, que vous n'ayez repoussés comme à plaisir. Et vous vous étonnez qu'à son tour le peuple vous repousse et vous somme de faire place à d'autres ?

Lorsque la France, après tant de si terribles secousses, aspirait à un peu de repos pour reprendre haleine, poursuivant l'assouvissement d'une ambition ridicule, livrés aux fureurs de mille coteries, vous n'avez cessé d'intriguer, de cabaler, de remuer ciel et terre, semant le trouble, l'hésitation, la division dans les esprits, alors que le plus petit grain de patriotisme commandait impérieusement de prêcher et de montrer le calme, la confiance et l'union de tous les Français.

Mais cela ne pouvait vous aller. Pour les gens de Coblentz, il y a un roi, il n'y a pas de patrie. Comment au milieu de la prospérité nationale reconnaître la nécessité d'un roi? Que faire au milieu d'une société que la science éclaire, que le travail enrichit, d'un polichinelle empanaché? Il fallait donc de toute manière amener la nation à cette terrible et inévitable alternative :

L'abîme ou le roi !....

Heureusement, la jeune démocratie a infusé dans le sang de la France une vitalité merveilleuse. Aidée par le grand citoyen qu'elle a placé à sa tête, elle a traversé victorieusement les crises les plus terribles ; et quelques mois à peine après qu'on la crut morte, la voici qui se relève et que son crédit étonne le monde.

On me repprochera peut-être de me livrer à une critique trop acerbe, et de me laisser entraîner par la haine à faire à la droite un véritable procès de tendance : car, enfin, où trouver la preuve de pareilles intentions?

Et, d'abord, je déclare qu'on se méprend complétement, absolument, radicalement sur mes sentiments. Je n'en veux et n'en puis vouloir d'aucune manière à la faction clérico-monarchico-réactionnaire renforcée de Versailles. Car comment et pourquoi lui en voudrais-je, lorsqu'elle a plus fait, en fin de compte, pour l'affermissement et l'établissement définitif de la République, que n'importe quelle assemblée républicaine ? Comment lui en vouloir, lorsque par sa conduite inconsidérée, ses violences, ses dissensions, son inintelligence de toutes choses, ses bouffonneries prétentieuses, ses coups d'Etat si fantastiques suivis d'autant d'échecs, elle a achevé de détacher d'elle tout ce qui fait passer l'intérêt national avant le triomphe d'une coterie ?

Ah ! si elle s'était montrée modérée, tolérante ; si elle avait compris les exigences de la situation ; si elle eut immolé ses passions furibondes sur l'autel de la patrie, nous aurions devant nous des adversaires autrement redoutables. Mais on l'a dit : *Quos vult perdere...* Et cette conduite sage et patriotique, signe de la force et le plus sûr présage de la puissance, c'est la gauche qui l'a tenue.

Quant à prouver que le fantôme qui obsède le cerveau des monarchistes les poussait jusqu'au vertige, il n'y aurait, — s'ils s'étaient gênés d'étaler eux-mêmes leurs projets, — qu'à rappeler la fameuse démarche des bonnets à poils, allant en corps tancer vertement M. Thiers pour s'être permis de sauver la France sans le secours d'un roi.

— Comment, M. Thiers, nous vous avons nommé pour que vous soyez le serviteur de nos plates ambitions et voilà que vous préférez l'intérêt de la patrie à celui de notre remuante coterie?

Comment! vous êtes Président de la République, et il y a encore des fonctionnaires qui ne sont pas royalistes? Sans doute, il n'y en a peu, fort peu, mais nous ne pouvons tolérer qu'on laisse des républicains, même les plus modérés, dans des préfectures, lorsqu'il y a de la place sur les pontons!

Comment le suffrage universel ne cesse de nous envoyer des députés républicains, radicaux, rouges, écarlates, et vous laissez faire le suffrage universel?

Comment la France regagne peu à peu en Europe la place qui lui est due : les affaires reprennent, le calme renaît, le crédit se rétablit, et, pour aider à cela, vous acceptez l'appui des républicains ? Et Chambord, et d'Orléans se morfondent à la porte !...

Il était réservé à ces messieurs de donner une dernière et publique preuve des sublimes sentiments qui les agitent.

Lorsque M. de Goulard est venu annoncer à la tribune le résultat prodigieux de l'emprunt, qui assurait à bref délai l'évacuation du territoire, tous les cœurs français se sont sentis battre d'une émotion patriotique qu'ils ne connaissaient plus depuis longtemps : l'émotion du bonheur. — Les républicains de l'Assemblée, fidèles interprètes de l'enthousiasme du pays, éclatèrent en applaudissements redoublés. — La droite resta silencieuse... Après cela, nous croyons qu'il n'y a plus, comme l'on dit vulgairement, qu'à tirer l'échelle.

Ames naïves, cœurs honnêtes de l'âge d'or, êtes-vous suffisamment édifiés, et comprenez-vous pourquoi cette immense clameur populaire, pourquoi sur tous les points de la France, ces mille manifestations de l'opinion réclamant par toutes les voies légales : *La dissolution de l'Assemblée.*

En effet, il n'y a plus ombre de raison pour prolonger un pouvoir en si complète opposition d'humeur et d'esprit avec le pays. Les casuistes de la droite sont sur les dents. Le dernier et suprême argument invoqué par eux est qu'ils avaient mission d'assurer la libération du territoire. Or, grâce à la sagesse du pays, grâce à l'habileté du président, aujourd'hui cet affranchissement est assuré, et *quarante-quatre milliards* permettent enfin à tous ces honnêtes vieillards de se décharger du lourd fardeau des affaires.

Jusqu'ici, nous comprenons que le dévouement à la chose publique les ait maintenus obstinément à leur poste. Mais maintenant que le calme et la prospérité sont revenus, que la République est affermie, il faut songer un peu à leur santé.

.Pensez donc, à leur âge, quand pendant deux ans de file on s'efforce de mettre des bâtons dans les roues, lorsque, avec des béquilles, on se trémousse dans le vide comme des diables dans un bénitier ! lorsqu'on s'égosille, malgré un catarrhe, pour couvrir la voix des orateurs du peuple !

Ce n'est donc pas contre vous, nobles champions du *trosne* et de l'autel, mais dans votre intérêt que nous sollicitons la dissolution.

Nous vous rendons à cette heureuse vie des champs célébrée par tous les poètes, depuis Théocrite jusqu'à nos jours. Quoi de plus beau que le ciel bleu, la verdure, les prés fleuris, le doux murmure d'une onde pure et le gazouillement des oiseaux !

> Heureux qui se nourrit du lait de ses brebis
> Et qui de leurs toisons voit filer ses habits !

Plus de fatigues, plus de luttes, plus d'agitations, de violences anti-hygiéniques, plus de ces émotions terribles, inséparables de la vie politique.

Eh bien, voyez comme nous avons le le caractère bien fait ! En échange du tort que vous avez voulu nous faire, nous souhaitons que ce bonheur sans nuage vous soit continué jusqu'à la fin de vos jours et que vous viviez autant que Mathusalem. Peut-être alors, reconnaissant combien vous nous avez méconnus et calomniés, nous et le peuple, vous écrierez-vous :

> Populus nobis hæc otia fecit !

CONCLUSION.

O âmes naïves, honnêtes gens de l'âge d'or, bons bourgeois, rentiers inoffensifs, ouvriers et paysans, écoutez bien ceci :

Ce que veut la République, c'est l'ordre, c'est la paix, c'est la fortune de tous et de chacun par le travail et la liberté.

Ce que veut la République, c'est la proscription de l'ignorance, des superstitions et des crimes, par la science et la vérité. Ce qu'elle veut, c'est un ordre de choses établi à l'abri de révolutions futures et périodiques.

Et plus haut encore, ce que veut la République, c'est la grandeur de la patrie en donnant plein essor au génie français !

On dit que cela ne vous touche point : oh ! n'est-ce pas que cela n'est point vrai ? N'est-ce pas qu'il ne vous est pas indifférent que le nom français soit bafoué ou honoré ? N'est-ce pas que vous sentez tous battre votre cœur à ce grand nom ? N'est-ce pas que vous êtes tous des enfants de la France ?

Cherchons donc, par tous les moyens que la loi autorise, à avoir au plus tôt de nouvelles élections, et surtout méfions-nous des pseudo-républicains.

La droite de l'Assemblée, en effet, battue dans toutes les rencontres, et ne sachant plus que faire de son roi, cherche à opérer un mouvement de conversion vers la gauche.

Peut-être, à la veille du scrutin, n'y aura-t-il pas de professions de foi plus écarlates que les leurs; peut-être se proclameront-ils seuls capables de fonder la République....

Mais leurs votes sont là, et nous les leur opposerons.

Nous nous garderons bien, en tout cas, de leur apporter nos suffrages. Seulement, pour les consoler un peu, comme ils attachent un grand prix aux choses célestes, nous pourrons leur céder notre part de paradis.

FIN.

BIBLIOTHÈQUE RÉPUBLICAINE

(suite).

L'Instruction républicaine, par Jules Barni.

Cathéchisme de morale universelle, par P.-L. Goron.

La Question militaire et la République, par Raymond Franc.

La vraie et la fausse Politique, par E. de Pompery.

La République, c'est l'ordre, par D. Ordinaire.

Les Paysans avant 89, par Eugène Bonnemère.

La Dissolution, conseils aux électeurs, par Arthur Monnanteuil.

Cathéchisme du soldat-citoyen, par P. Quantin.

Le Contrat social de l'avenir, par Ch. Joubert et A. Sagnier.

Les Conseils d'élection, par A. Foussier.

Les Curiosités de la bible, par Boissonade.

La Dissolution s'il vous plait? par Emm. Lemoyne.

La vérité sur le deux Décembre, par Georges Lassez.

Les Volontaires de 1772, par Eug. Despois.

Les Paysans après 1789, par Eugène Bonnemère.

Cahiers d'histoire du père Gérard.

Ce que disent les bonapartistes, par A. Henryot.

Les Ouvriers avant et après 1789, par Frédéric Morin *(sous presse).*

La fin des révolutions par la République, par H. Maze *(sous presse).*

Dialogue du père Gérard avec son curé, par E. Boursin *(sous presse).*

La vérité sur la Révolution française, par J. Cazot *(sous presse).*

(Voir d'autre part les conditions de propagande.)

BEAUVAIS. — IMPRIMERIE E. LAFFINEUR.

www.ingramcontent.com/pod-product-compliance
Lightning Source LLC
Chambersburg PA
CBHW051749050726

47598CB00003B/1399